DISCOURS

PRONONCÉS

AUX FUNÉRAILLES

DU

COMTE DUCHATEL

A PARIS

LE 9 NOVEMBRE 1867

A MIRAMBEAU

LE 4 DÉCEMBRE 1867.

PARIS

IMPRIMERIE DE J. CLAYE

RUE SAINT-BENOÎT, 7.

1868

DISCOURS

PRONONCÉS

AUX FUNÉRAILLES

DU

COMTE DUCHATEL

DISCOURS

PRONONCÉS

AUX FUNÉRAILLES

DU

COMTE DUCHATEL

A PARIS

LE 9 NOVEMBRE 1867

A MIRAMBEAU

LE 4 DÉCEMBRE 1867.

—▷★◁—

PARIS

IMPRIMERIE DE J. CLAYE

RUE SAINT-BENOÎT, 7.

1868

PARIS

9 NOVEMBRE 1867.

DISCOURS

DE

M. DE PARIEU

AU NOM

DE L'ACADÉMIE DES SCIENCES MORALES

ET POLITIQUES.

Messieurs,

L'Académie des sciences morales et politiques, déjà douloureusement frappée au commencement de cette année par la mort de M. Victor Cousin, vient de se sentir atteinte par une perte nouvelle. En la personne de M. le comte Duchâtel, un de ses membres les plus éminents lui est enlevé.

Des deux branches de la politique, dont l'une, plus modeste, fixe les principes, détermine les règles et dégage de l'histoire et de la raison les leçons fondamentales de la science, tandis que l'autre, plus brillante, applique les principes aux circonstances, pourvoit aux nécessités diverses et pressantes de l'ordre public, et assure par l'action et la parole le succès des combinaisons gouvernementales, à l'aide d'auxiliaires choisis et dirigés avec soin, M. le comte Duchâtel a été appelé surtout à cultiver avec éclat la seconde. Il s'est distingué exceptionnellement dans l'art du gouvernement; mais il avait aussi constaté, d'une manière à la fois remarquable et précoce, son aptitude pour les sciences au culte desquelles notre Académie est consacrée.

Dès longtemps, un ouvrage sorti de sa plume a montré que son intelligence élevée et solide comprenait bien l'indispensable connexité de la théorie et de la pratique dans le domaine de l'administration publique, et qu'il eût pu indifféremment, suivant l'empire des circonstances, atteindre les plus légitimes succès dans celle de ces deux branches de la politique qu'il eût choisie pour y livrer son activité tout entière.

Né le 19 février 1803, et formé, par l'exemple d'un père distingué, aux meilleures traditions de l'administration financière du Directoire et du premier Empire, ainsi que d'une direction politique conservatrice et libérale, M. Duchâtel entra jeune dans la carrière du journalisme, et il y fit bientôt briller les qualités du publiciste.

Un sujet économique de la plus haute portée avait été mis au concours par l'Académie française sous la Restauration. M. Duchâtel le traita avec la profondeur et la spécialité de vues qui auraient pu convenir à notre Académie, si dès cette époque elle eût été réveillée de ses cendres.

La question du paupérisme et de la charité touche à l'économie politique presque tout entière. Les lois de la production, de la consommation et de la distribution des richesses, se rapportent sous divers aspects à ce grand sujet.

Dans le livre publié en 1829 sur *la Charité dans ses rapports avec l'état moral et le bien-être des classes inférieures de la société*, M. Duchâtel a étudié les causes de la misère avec la science de l'économiste, et les moyens d'y remédier avec le discernement d'un futur administrateur.

Si quelques-unes de ses vues peuvent être contestées, ce livre se fait remarquer par une forte pensée qui l'anime dans toutes ses parties, et qui assigne pour but et pour seul résultat satisfaisant à la charité le relèvement moral et matériel, l'indépendance définitive de ceux auxquels elle accorde ses secours.

On ne peut lire cet ouvrage sans être frappé de l'énergie avec laquelle il exprime sous ce rapport l'intérêt des classes inférieures, tel que notre société française tout entière semble, d'une manière de plus en plus caractérisée, l'avoir compris dans notre époque.

Si la révolution de Juillet eût été retardée de quelques années, il est probable que le livre *de la Charité*, publié par un auteur si jeune et cependant doué d'une raison déjà si arrêtée et si mûre, eût été suivi de travaux scientifiques plus considérables.

Mais, à la suite de 1830, la carrière politique, avec ses devoirs quotidiens, ses honneurs séduisants, ses solidarités entraînantes, absorba bientôt l'activité de M. Duchâtel.

Conseiller d'État, député, ministre du commerce, plus tard ministre des finances, vice-président de la Chambre des députés, enfin, depuis le 29 octobre 1840 jusqu'à la révolution de Février, ministre de l'intérieur,

M. Duchâtel se fit remarquer dans ces postes élevés par l'influence de son caractère personnel, la souplesse et la rectitude de son intelligence, la précision et l'autorité de sa parole, soit qu'il s'agît de la politique générale ou des projets de loi divers présentés par son initiative sur les douanes, les caisses d'épargne, les chemins de fer et autres grands sujets d'intérêt public.

Ce fut en 1842, au milieu des luttes de cette carrière brillante, que l'Académie des sciences morales et politiques appela M. le comte Duchâtel à siéger dans son sein comme membre de la Section d'économie politique et de statistique, où était naturellement marquée la place de l'auteur du livre sur *la Charité*.

Quand la carrière politique de notre éminent confrère fut terminée par une de ces révolutions qui ont eu plus d'une fois en France la conséquence d'inutiliser des expériences lentement formées, et d'imposer au génie de notre nation l'essai tout à la fois d'institutions et d'aptitudes nouvelles, M. Duchâtel vécut dsns une digne retraite, entouré des douceurs et des prospérités de la famille, du charme des beaux-arts, qu'il avait toujours aimés, des soins d'une fortune considérable noblement employée.

Il assistait quelquefois à nos séances, où ceux qui l'avaient le moins connu pouvaient remarquer sa bienveillante attention et son exquise urbanité.

Nous savions que sa constitution luttait contre un mal déjà ancien ; mais nous étions loin de redouter une séparation aussi imprévue que celle dont nous venons de nous sentir atteints. C'est le 5 de ce mois que M. le comte Duchâtel a succombé, pour entrer dans une autre vie, avec la foi, la résignation et les espérances du chrétien.

D'autres, parmi nous, Messieurs, eussent été, par leur âge, leur autorité personnelle et leurs anciennes amitiés, mieux placés que moi pour exprimer tous les regrets que cette perte fait ressentir dans l'Académie.

Je suis certain d'être au moins l'interprète fidèle de la compagnie tout entière en rendant hommage au caractère bienveillant et digne, aux services publics éclatants, à la puissance d'intelligence qui distinguaient l'éminent confrère à qui nous adressons, avec douleur, un dernier et respectueux adieu.

DISCOURS
DE M. BEULÉ

AU NOM

DE L'ACADÉMIE DES BEAUX-ARTS.

Messieurs,

M. le comte Duchâtel, ministre de l'intérieur, avait dans son département les Beaux-Arts : il les comprenait, il les aimait, et, au milieu des préoccupations politiques qui l'absorbaient, il a eu le bonheur d'avoir auprès de lui des conseillers ou plutôt des amis graves et savants, dont l'autorité était incontestée autant que le nom était illustre.

M. Duchâtel donnait cette garantie non-seulement aux artistes et au pays, mais à sa propre conscience. Aussi a-t-il, presque à coup sûr, encouragé le talent, fait produire des œuvres remarquables, fondé des institutions que l'avenir devait consacrer. Vous n'avez oublié, Messieurs, ni l'acquisition de l'hôtel de Cluny, converti en musée national, ni les faveurs accordées aux découvertes de Daguerre, ni la décoration du tombeau de Napoléon aux Invalides, confiée aux plus célèbres sculpteurs, ni l'érection de la colonne de la Grande Armée à Boulogne, ni le monument élevé à la mémoire de Molière.

Il serait plus difficile d'énumérer les travaux particuliers qui furent demandés à chaque artiste, tant abondaient à cette époque les peintres, les statuaires, les architectes, les graveurs qui ont jeté un si vif éclat sur la première moitié du xixe siècle, et dont une partie déjà est descendue au tombeau. Mais le principal titre de M. Duchâtel à notre reconnaissance, c'est la fondation du *Comité des monuments historiques*. Ce que M. Guizot avait fait en 1832 pour les documents relatifs à l'histoire de France, M. Duchâtel le fit en 1839 pour les monuments. La même pensée patriotique se continuait et achevait de conserver tout ce qui est un témoignage de notre passé. La Commission, composée des juges les plus éminents, fut investie d'une autorité que le ministre s'étudiait à rendre souveraine. Elle a placé sous la protection de la loi tous les édifices remarquables par leur style, leur importance, leur illustration ; elle a sauvé de la ruine ceux qui chancelaient, restauré ceux qui avaient été mutilés, excité partout le zèle et la vigilance, enseigné aux propriétaires eux-mêmes à ne se considérer que comme les gardiens d'un bien public ; enfin elle a reconstitué l'héritage que l'art des âges les plus divers nous avait légué, elle a remis dans son lustre cette parure vénérable du sol français.

C'est pour reconnaître de tels services que l'Académie des Beaux-Arts a appelé dans son sein le Ministre qui les avait provoqués et qui avait compris que la manière la plus sûre d'encourager les artistes, c'est de les respecter.

L'art lui-même ménageait à M. Duchâtel une autre récompense plus douce et de toutes les heures. Une révolution l'arracha aux affaires publiques pour le condamner bientôt au calme de la vie privée. Jusque-là, il avait goûté les œuvres d'art comme toutes les natures élevées ; il se prit à les admirer et à les vouloir posséder. Trouver de beaux tableaux, les poursuivre, s'en rendre maître, les contempler, voilà une série de drames intimes et d'émotions qui ne peuvent être dévoilés, mais que ceux-là seuls comprendront qui ont la passion du beau. La galerie de M. Duchâtel brillait par le choix plutôt que par le nombre, et ce n'était pas sa moindre gloire de montrer à côté d'un Memling, d'un Ruisdael ou d'un Poussin, l'*Œdipe* et la *Source* de M. Ingres, c'est-à-dire le premier et le dernier chef-d'œuvre du plus grand peintre de notre époque.

Quand la maladie la plus cruelle vint accabler M. Duchâtel, le commerce des maîtres de l'art en fut l'adoucissement. Leurs merveilleux tableaux ont un langage : ce sont des amis toujours présents, des consolateurs toujours écoutés; ils ont un rayonnement, même pour l'œil qui va s'éteindre; ils ont un dernier sourire, qui rappelle à l'âme qui s'envole qu'elle est immortelle comme la beauté.

DISCOURS

DE M. GUIZOT

―――

Après et malgré les discours si bien sentis et si bien mérités que vous venez d'entendre, je me permets, Messieurs, de vous retenir encore un moment. Il y a quelques semaines, loin d'ici, devant un autre cercueil, j'ai eu à cœur d'exprimer la profonde tristesse que j'éprouve en voyant mourir avant moi ces amis avant qui je comptais bien mourir. Ce sentiment me saisit et me pénètre bien plus vivement encore aujourd'hui. Ce cercueil qui contient tout ce qui reste ici-bas de M. Duchâtel, c'est le cercueil d'un de mes plus intimes amis, l'un des plus anciens et en même temps des plus jeunes.

J'ai assisté aux débuts de la vie de M. Duchâtel ; j'ai assisté à toute sa vie. Il achevait ses études dans le temps où je livrais, dans nos grandes écoles publiques, les résultats des miennes. Je l'ai vu se vouer dès lors aux études et aux idées les plus sérieuses, avec l'ardeur de la jeunesse et le ferme jugement de l'âge mûr. Il faisait dès lors ses preuves dans cet écrit sur la charité, dont M. le président de l'Académie des sciences morales vient de faire un si juste éloge. M. Duchâtel n'était pas de ceux qui disent comme Pilate : « Qu'est-ce que la vérité ? » Il appartenait à une génération qui avait foi en la vérité, qui la respectait et l'aimait, et comptait sur son empire pour la satisfaction du droit et du bien publics. M. Duchâtel a été l'un des esprits les plus éminents et l'un des jeunes chefs de cette génération généreuse et efficace. Il eût sans doute poursuivi très-loin ses travaux scientifiques si une révolution ne l'avait soudainement appelé à la vie publique. Il y est d'abord entré comme conseiller d'État, et s'y est formé auprès du baron Louis, ce maître excellent de qui il a appris les conditions de l'ordre dans les finances et de la prospérité publique. Élu peu après à la Chambre des députés, il s'est engagé dans la politique active ; je l'y avais appelé ; nous y avons vécu ensemble, presque toujours dans le même cabinet ; une fois il a fait partie d'un cabinet auquel j'avais cru devoir rester étranger ; mais il y était entré de mon avis et de mon aveu, et cette séparation momentanée dans les situations n'a pas porté la moindre atteinte à l'intimité qui nous a toujours unis. Nous avions les mêmes principes, nous poursuivions le même but : la fondation du gouvernement libre sous la monarchie constitutionnelle. De 1840 à 1848, M. Duchâtel a consacré avec moi toutes ses forces à l'accomplissement de cette grande œuvre. Il y a porté les lumières acquises par l'étude et la science ; il respectait la science et aussi l'expérience ; il croyait la science tenue de subir le contrôle de l'expérience, et l'expérience obligée à son tour de se justifier devant la science et la raison. C'est à ce double flambeau qu'il a travaillé et marché.

Il y a joint les lumières naturelles d'un jugement supérieur, aussi prompt que sûr à saisir le nœud des questions et des affaires, et que j'appellerais pratiquement infaillible s'il y avait quelqu'un d'infaillible en ce monde. Et en même temps qu'il faisait preuve de ces rares qualités de l'esprit, il déployait la grande qualité du caractère ; il était un parfait homme d'honneur, dans l'acception la plus stricte et la plus élevée du mot, constamment fidèle à ses opinions, à sa cause, à ses amis, malgré les dissentiments particuliers qui naissent quelquefois, entre amis, dans la vie publique.

C'est au milieu de cette sage et honnête activité patriotique qu'une nouvelle révolution a saisi M. Duchâtel et a brisé sa carrière. Il l'a supportée avec la même sagesse et la même dignité. Rentré dans la vie privée, il s'y est conduit avec le même bon sens et la même convenance, toujours plein de respect pour l'ordre public et pour les pouvoirs légaux, comme de sollicitude pour le bien public, mais en même temps toujours fidèle à son passé, à ses idées, à sa cause et à ses amis. Il a trouvé dans cette situation toutes les satisfactions domestiques et mondaines ; il en sentait la valeur, il les goûtait, mais elles ne lui suffisaient pas. Il y avait de la tristesse dans son attitude et du vide dans son âme. Je n'ai garde de l'en blâmer; je le blâmerais s'il en eût été autrement. Quand on a touché aux grandes questions morales et publiques, on ne s'enferme pas volontiers dans les questions purement personnelles. Quand la maladie est venue, quand la perspective de la mort s'est fait entrevoir, M. Duchâtel l'a supportée comme il avait supporté les revers. Il avait l'âme pleine des grandes vérités et des grandes nécessités morales et sociales de la religion chrétienne ; il lui a rendu le dernier hommage qu'il ait rendu à quelqu'un en ce monde.

Vous le voyez, Messieurs : sa vie a été très-pleine, et pourtant elle a été incomplète. Il est de ceux qui n'ont pas montré tout ce qu'ils étaient et qui n'ont pas eu le temps de devenir tout ce qu'ils pouvaient être. Il n'y a, pour sa famille ni pour ses amis, aucun regret à avoir sur le passé ; ils peuvent en ressentir de grands sur l'avenir qui lui a manqué. Dieu arrête ou brise ainsi quelquefois ses meilleures œuvres et ses meilleurs ouvriers ; il les retire à lui avant qu'ils aient employé pour son service et déployé pour leur propre gloire toutes les facultés dont il les avait doués. C'est là un de ces mystères de la volonté divine devant lesquels il faut s'incliner, sans murmure et sans découragement.

MIRAMBEAU

4 DÉCEMBRE 1867.

DISCOURS
DE M. MÉRAN

Messieurs,

C'est un grand et consolant spectacle à la fois que cet immense concours de populations autour de ce cercueil. Si l'heure de la mort est l'heure des inconsolables douleurs, elle est aussi l'heure de la justice. Vous êtes accourus ici pour rendre un pieux hommage à la mémoire de M. Duchâtel, et vous avez bien fait. Il faut honorer les morts illustres, les honorer publiquement, afin que, dans ces solennelles démonstrations, chacun puise une leçon et un encouragement.

Tous vous avez connu M. Duchâtel. C'est par vous qu'il est entré, tout jeune encore, dans la vie publique, et ce sera l'honneur et la gloire de vos contrées d'avoir fait un pareil choix. M. Duchâtel en effet justifia, dépassa toutes vos espérances. A peine entré à la Chambre, le roi l'appela dans ses conseils, et pendant dix-huit ans de ce règne qui a donné tant de liberté et de prospérité à la France il n'est pas un grand acte qui se soit accompli, pas une grande mesure qui se soit prise, pas une loi utile qui se soit votée sans le concours de M. Duchâtel.

C'était une vie laborieuse, mais qui répondait aux besoins de cette intelligence active et pénétrante, de ce cœur ardent pour le bien public, de ce caractère trempé pour les grandes luttes dans lesquelles s'agitent les intérêts d'un grand pays. Esprit ferme et net, raison droite et élevée, éloquence facile et persuasive, il avait toutes les qualités qui font les grands ministres dans les gouvernements libres.

M. Duchâtel aimait et respectait son pays ; aussi voulait-il pour lui un gouvernement vraiment libéral. Il répondait donc à toutes ses aspirations, le gouvernement qui créait une redoutable et vaillante armée sans faire peser lourdement sur les campagnes l'impôt du sang ; qui apprenait à l'ouvrier que c'est par le travail et l'économie qu'on se moralise et s'élève, et qui lui ouvrait les caisses d'épargne ; qui répandait l'enseignement primaire dans toute la France, en ennoblissant les fonctions de l'instituteur ; qui donnait aux campagnes une prospérité jusque-là inconnue, en créant partout les chemins vicinaux et les grandes voies de communication ; qui, dans toute la France, répartissait avec équité les travaux de véritable utilité publique ; qui, ménageant les ressources des contribuables, créait au pays un fonds d'inépuisable réserve par l'administration sévère de ses finances ; qui voulait la paix. parce que l'œuvre libérale ne pouvait s'accomplir que par la paix ; qui faisait tout au grand jour de la discussion, et sous lequel pas un citoyen ne pouvait souffrir dans sa personne ou dans sa fortune par un acte arbitraire. C'étaient bien là les assises en apparence solides du gouvernement d'un grand peuple, et je comprends que des natures d'élite telles que celle de M. Duchâtel se soient consacrées à une pareille œuvre. Je comprends même qu'elles aient puisé dans leur bonne foi et dans la pureté de leurs intentions une entière confiance dans sa durée. La consolidation de cette œuvre imposait d'incessants efforts, mais on acceptait ces rudes labeurs comme les conditions mêmes d'un gouvernement libre. On savait que par ces efforts et par ces labeurs s'épurait la vie publique ; on se sentait grandir soi-même par ce travail de chaque jour ; on aimait d'ailleurs son pays et on le servait avec toutes les forces de son âme. C'est ainsi que, parmi les plus illustres, M. Duchâtel l'a servi.

Mais une surprise révolutionnaire vint tout à coup briser la monarchie constitutionnelle et l'avenir de son fidèle ministre. Ce fut une amère déception et une cruelle épreuve ; vous savez comment M. Duchâtel la supporta.

Rentré dans la vie privée, condamné à se tenir éloigné des affaires publiques, nous l'avons tous retrouvé chez lui tel que vous l'aviez connu lorsqu'il venait se reposer au milieu de vous des fatigues d'une laborieuse session. Bienveillant et empressé, reconnaissant des amitiés qui l'entouraient, acceptant sans amertume cette retraite anticipée, étudiant toujours, avec sollicitude, les questions qui intéressaient le pays et trouvant, malgré ses désillusions et ses froissements, dans la sûreté de sa raison et dans l'honnêteté de son cœur, des appréciations impartiales. C'est là assurément une des preuves les plus rares, et aussi les plus sûres de la sincérité de l'attachement au pays et de la véritable grandeur d'âme.

M. Duchâtel semblait devoir vivre encore de longues années. Ni ses forces physiques ni ses forces intellectuelles n'avaient faibli, lorsqu'un mal qui ne pardonne pas s'est révélé et a eu bientôt raison de cette constitution vigoureuse et privilégiée. Prévue depuis plusieurs mois, sa mort a eu cependant en France un douloureux retentissement. La France, en effet, ne voit point sans inquiétude disparaître ainsi ceux qui, pendant une longue période, ont veillé sur ses destinées ; au milieu des tristesses des temps présents et des sombres préoccupations de l'avenir, certains noms la calment et la rassurent, et elle s'habitue difficilement à voir ces noms s'effacer de son livre de l'avenir. La mort de M. Duchâtel devait, plus que toute autre, produire cette impression, parce que son âge permettait encore d'attendre et d'espérer beaucoup de lui. Mais Dieu en a disposé autrement. Comme le disait M. Guizot, « Dieu arrête ou « brise ainsi quelquefois ses meilleures œuvres « et ses meilleurs ouvriers ; il les retire à lui « avant qu'ils aient employé pour son service « et déployé pour leur propre gloire toutes « les facultés dont il les avait doués. C'est là « un de ces mystères de la volonté divine « devant lesquels il faut s'incliner sans mur- « mure et sans découragement. »

Il faut marcher droit devant soi, se disant que la vie aura été suffisamment remplie si l'on est resté fidèle à soi-même, à la justice et à la vérité. Tel a été M. Duchâtel. Et moi, qu'il a toujours honoré d'une bienveillante et constante amitié, je bénis le ciel de ce qu'il m'a été permis de rendre aujourd'hui, parmi vous, ce public hommage à sa glorieuse mémoire et de lui dire ce suprême adieu.

DISCOURS
DE M. VITET

Mes forces me trahiront peut-être; mais je veux essayer de prononcer quelques mots, même après les éloquentes paroles que nous venons d'entendre. Il m'en coûterait trop de ne pas dire aujourd'hui ce que j'ai dans le cœur, de ne pas remercier une dernière fois celui dont l'amitié constante et le délicieux commerce ont fait pendant un demi-siècle le bonheur de ma vie. S'il ne fallait qu'honorer sa mémoire, je pourrais garder le silence. Cette foule autour de ce cercueil, cette émotion sur les visages, ces respects, ces honneurs inaccoutumés, disent mieux que tous les discours la grandeur de la perte que tous nous avons faite. Ce n'est pas seulement une famille frappée d'un coup irréparable, ce ne sont pas seulement quelques fidèles amis que cette mort met en deuil ; c'est vous tous, c'est toute cette contrée qui ne peut oublier à qui, pendant quinze ans, elle eut l'honneur de confier son mandat, c'est la France elle-même, représentée par tout ce qu'elle possède d'honnêtes gens et de bons citoyens.

Oui, même après vingt années de silence, au fond de sa noble retraite, M. le comte Duchâtel était encore pour son pays une force et une espérance. La France avait en lui un de ces serviteurs qu'elle ne perd pas de vue quand elle les a une fois éprouvés, qu'elle tient comme en réserve, dont elle a toujours droit d'attendre un dernier dévouement et dont la mort, par conséquent, est un malheur public.

Ils sont si rares, et surtout aujourd'hui, les hommes d'État qui lui ressemblent ! Où trouver cette expérience des affaires unie à cette supériorité d'esprit ; ce jugement prompt, sûr, presque infaillible ; cette lucidité de parole et, avant tout, cette noblesse de sentiments, cette constante fidélité à ses opinions, cette inaltérable pureté de caractère ?

Aussi, quel concert unanime de regrets et d'éloges s'est élevé naguère, au seuil d'une autre église ! L'écho en est venu jusqu'à vous. Et, vous l'aurez remarqué peut-être, avant qu'un éloquent ami, celui pour qui, en toute circonstance, hors des affaires comme au pouvoir, M. Duchâtel fut toujours un fidèle et puissant allié, avant que ce maître de la tribune, avec une reconnaissance émue et un accent incomparable, rendît à son collègue éclatante justice, deux autres orateurs, qu'aucun lien n'unissait à votre ancien représentant et qui, personnellement, le connaissaient à peine, avaient, comme à l'envi, rappelé les souvenirs qui sont sa gloire, les actes principaux de cette carrière si courte et si remplie, tout ce qu'il a fait, jeune encore, par pur amour de la science, tout ce que, plus tard, lui ont dû de sage direction et d'habile vigilance les intérêts de toute sorte confiés à sa tutelle ; et l'un de ces orateurs, ne l'oubliez pas, car cette impartialité l'honore, est un ancien ministre de l'Empereur, un des hommes placés le plus haut dans les conseils de l'Empire. Remarquable contraste et disparate heureuse avec ce zèle aveugle et subalterne dont, ici même, vous avez vu naguère les regrettables effets. Si toute réparation n'était pas superflue quand il s'agit d'une telle mémoire, si ce n'était pas un soin trop inutile que de réfuter les fables ridicules, les misérables calomnies colportées en ces lieux, quelle réfutation plus convaincante aurait-on pu trouver que ces solennelles paroles dont je rappelle ici l'incontestable autorité?

C'était, sans doute, un vœu bien naturel, après tant d'utiles travaux, après les preuves si longtemps répétées de mutuelle confiance entre le mandataire et ses anciens commettants, que de souhaiter pour un autre lui-même l'occasion d'essayer ses forces, de se préparer à la vie publique et de prouver qu'un père peut transmettre à son fils encore mieux que sa fortune et son nom. Mais il est quelque chose que M. Duchâtel, dans toutes les phases de sa vie, a toujours estimé au-dessus du succès, et qui, un jour ou l'autre, porte toujours ses fruits ; je veux parler du respect de soi-même, de la dignité de la conduite. Or, vous le savez tous, son désir sur ce point n'a pas été trompé.

Aussi je ne m'étonne pas de ce concours

extraordinaire, de ces marques si générales de souvenir et de sympathie. J'y reconnais d'abord ceux qui, dans cette épreuve, ont eu la clairvoyance de ne tomber dans aucun piége; j'y vois, en outre, presque tous ceux qui se sont laissé surprendre : n'avaient-ils pas exprimé leurs regrets, même avant que ce coup fatal, cet enseignement de la mort, eût ouvert tous les yeux à la justice et à la vérité?

C'était donc bien ici, au milieu de tant de souvenirs, de tant de traditions qui lient le passé à l'avenir, que ces restes mortels devaient être conduits; c'était ici leur vraie demeure, quand même un autre genre de tradition, plus intime et plus douce, ne les eût pas appelés. La tombe où va descendre votre corps inanimé, mon digne et cher ami, ne sera pour vous ni froide ni déserte : un père et une mère vous y attendent, un père si tendre sous un aspect si grave ! une mère dont le nom seul éveille tant de respect et tant de juste admiration ! Elle vous avait transmis mieux encore que la vie, l'amour du bien, la flamme de sa pensée, la droiture de son âme. Vous fûtes son ouvrage, son juste orgueil et sa prédilection. Nous vous rendons à elle avant le temps, mais tel que son amour avait dû vous rêver, dégagé de la rouille terrestre, les yeux tournés au ciel. Adieu, cher Tanneguy, ou plutôt à revoir dans un monde meilleur, où les âmes amies auront droit de s'unir sans cette affreuse crainte de la séparation !

FIN.

www.ingramcontent.com/pod-product-compliance
Lightning Source LLC
Chambersburg PA
CBHW070712050426
42451CB00008B/610